Kids on Guitar
Das Lehrbuch

Band 1

Die Gitarrenschule für Kinder

Dirk Müller

Dirk Müller ist Musiker und Gitarrenlehrer. Seit vielen Jahren unterrichtet er Schüler an der Gitarre und an anderen Saiteninstrumenten. Nachdem er 10 Jahre an einer Musikschule angestellt war, hat er seine eigene Musikschule gegründet. So haben inzwischen hunderte von Schülern in allen Altersstufen bei ihm gelernt. Als Musiker hat er in verschiedensten Formationen gespielt. So trat er in der Vergangenheit zum Beispiel in einem klassischen Duo auf

Dirk Müller, der Autor

sowie in einer Blues / Folk Band. Als Solokünstler ist Dirk Müller auch oft zu sehen und zu erleben. Somit ist er ein Mann der Praxis. Er vermittelt die Fähigkeiten dazu das Instrument für sich allein, aber auch auf der Bühne und vor Zuschauern zu nutzen.

Vorwort:

In diesem ersten Band der Gitarrenschule "Kids on guitar" führe ich junge Schülerinnen und Schüler in das Gitarrenspiel ein. Dieses Buch richtet sich an Kinder ab 6 Jahren. Ich habe bewusst darauf verzichtet ein dickes Buch mit vielen Stücken zu erarbeiten, weil es den Kindern öfter Lernerfolge vermittelt, wenn sie nicht jahrelang brauchen um eine erste Etappe, also ein erstes Buch, abzuarbeiten. Nach der Erarbeitung dieses Bandes geht es dann fließend weiter im 2. Band. Anstelle von langweiligen Übungen findet man hier lustige Lieder, Abzählreime und bekannte Stücke die Kindern gefallen. In einigen Liedern ist auch die Liedbegleitung mit Akkordsymbolen vermerkt. Diese richtet sich dann an den Gitarrenlehrer, der dann mit dem Schüler gemeinsam spielen kann.

Ich habe darauf verzichtet, das Stimmen der Gitarre zu erläutern, da es für den Schüler in diesem Stadium des Fortschrittes noch zu kompliziert und zeitraubend ist. Hier ist der Lehrer wieder gefragt, der sich ohnehin um diese Dinge kümmert.

Dann wünsche ich viel Spaß und gute Erfolge beim Lernen und Spielen der Gitarre.

Dirk Müller

www.musikschule-dirk-mueller.de

KIDS ON GUITAR
DAS LEHRBUCH

BAND 1
Die
Gitarrenschule
für Kinder
Dirk Müller

www.musikschule-dirk-mueller.de

Bibliografische Information der Deutschen Nationalbibliothek:
Die Deutsche Nationalbibliothek verzeichnet diese Publikation
in der Deutschen Nationalbibliografie; detaillierte
bibliografische Daten sind im Internet über dnb.dnb.de abrufbar.

Impressum:

Kids on guitar - Das Lehrbuch
Band 1
Notensatz; Layout: Dirk Müller

© 2023, Müller, Dirk
Herstellung und Verlag:
BoD – Books on Demand, Norderstedt

ISBN: 9783754385067

Inhalt

Seite

Die Teile der Gitarre

Kopf $\Rightarrow$

Hals $\Rightarrow$

Körper $\Rightarrow$

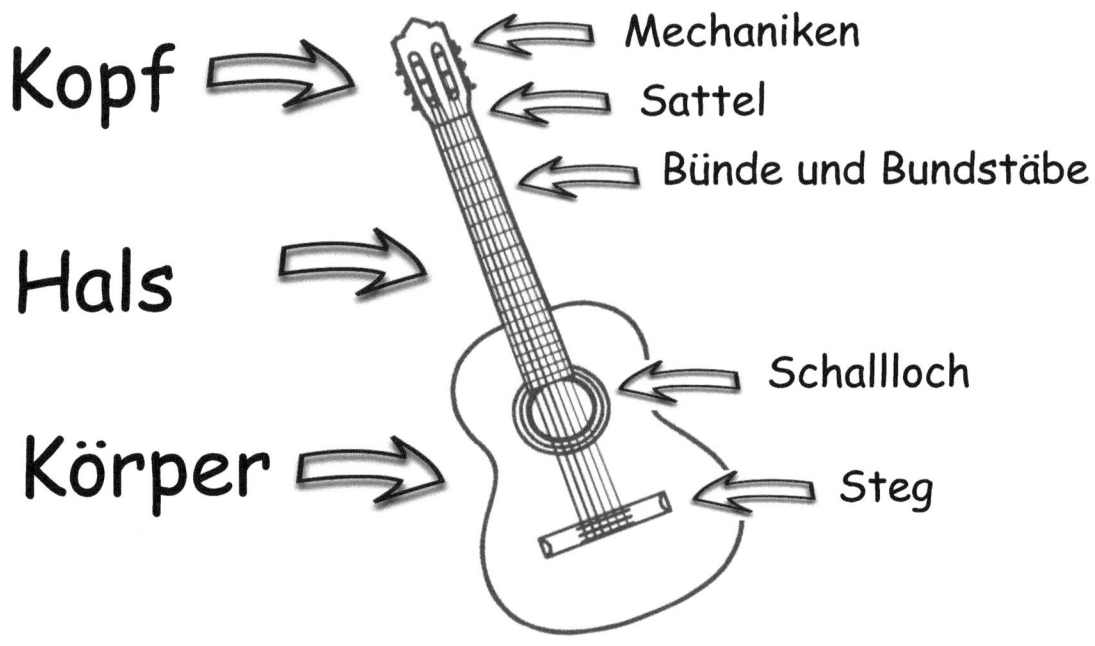

Mechaniken

Sattel

Bünde und Bundstäbe

Schallloch

Steg

Die Haltung der Gitarre

Setz dich gerade auf die vordere Kante eines Stuhls. Der linke Fuß steht auf einem Fußbänkchen. Die rechte Hand hältst du über die Gitarre vor die Saiten. Die linke Hand hältst du vorerst nur von hinten am Gitarrenhals. Vorn darfst du die Saiten nicht berühren, da sie sonst nicht klingen können.

Die Notenzeile

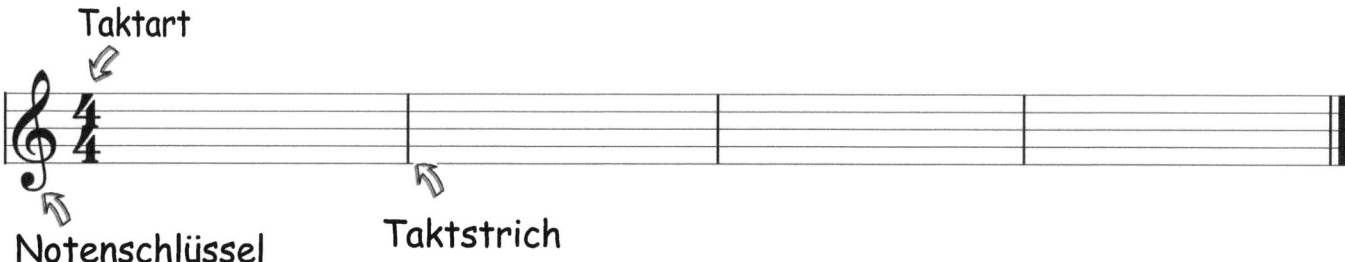

Die Notenzeile besteht aus 5 Notenlinien. In diese werden die Noten geschrieben. Ganz vorn steht der Notenschlüssel und dahinter die Taktart. Die senkrechten Striche sind die Taktstriche, die das Lied in rhythmische Abschnitte einteilen. In diesem Fall ist es ein 4/4 Takt. Es passen hier immer 4 viertel Noten in einen Takt.

Die Notenwerte

Die ganze Note

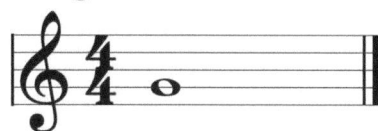

Die ganze Note klingt so lange wie es dauert bis du bis 4 gezählt hast

Die halbe Note

Die halbe Note klingt so lange wie es dauert bis du bis 2 gezählt hast

Die viertel Note

Die viertel Note klingt so lange wie es dauert bis du bis 1 gezählt hast

Die Saiten der Gitarre

Um sich die Saitenbezeichnungen besser merken zu können gibt es viele lustige Sprüche. Denke dir doch auch mal selbst einen aus.

e Ein
h hungriger
g Gitarrist
d darf
a alles
e essen

Die Haltung der rechten Hand

Der angelegte Wechselschlag

Vor dem Anschlag

Der Daumen geht an die dritte Saite. Er soll in der Folge über die Saite nach unten streichen. Die anderen Finger sitzen als Stützfinger an der untersten Saite. Stell dir vor, du versuchst den Ton in die Gitarre hinein zu drücken.

Nach dem Anschlag

Der Daumen wird nach dem Anschlag von der zweiten Saite aufgefangen. Daher nennt sich diese Technik angelegter Daumenschlag.

01 - Kids on guitar

Words & Music by Dirk Müller

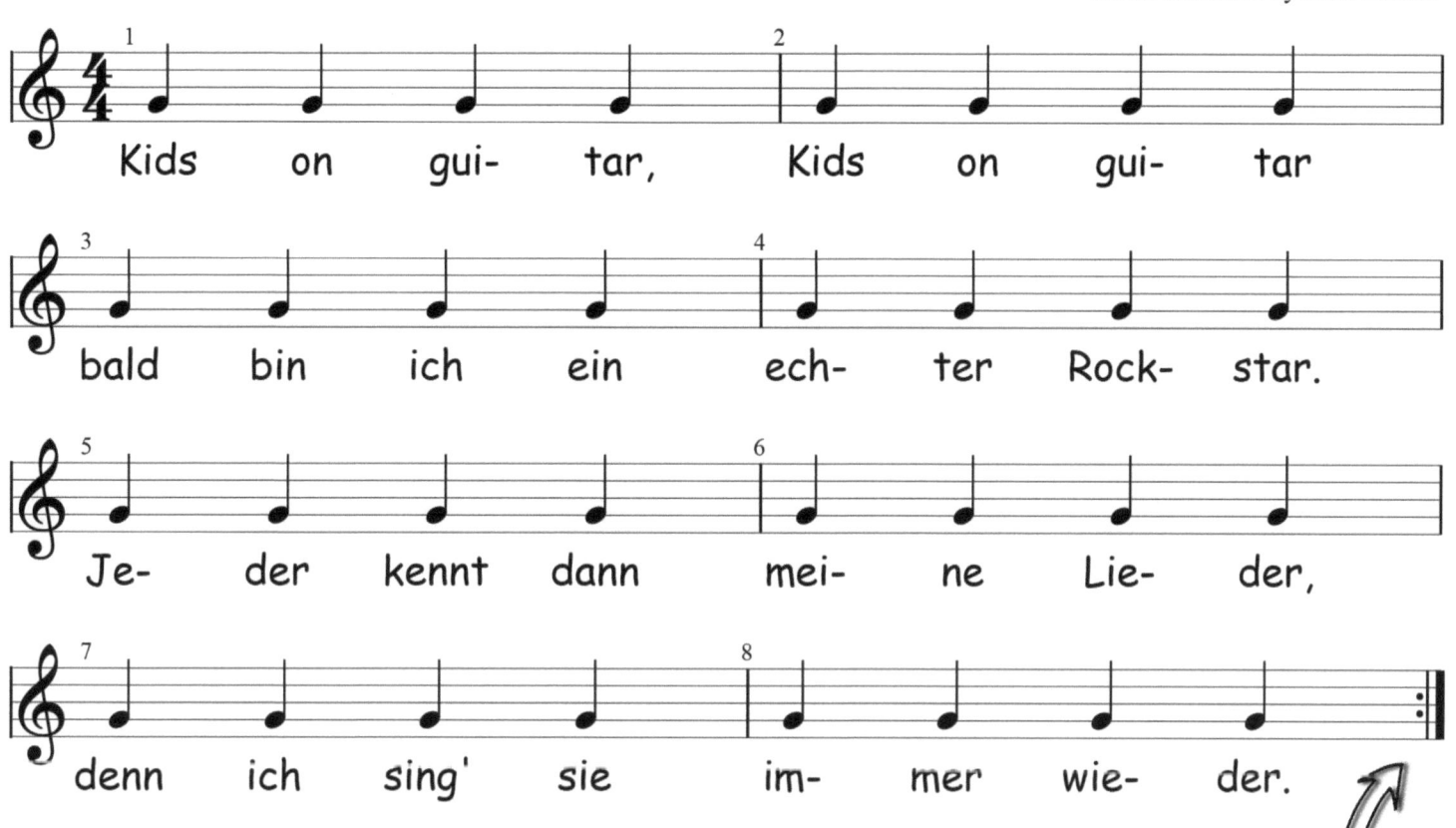

Kids on gui- tar, Kids on gui- tar

bald bin ich ein ech- ter Rock- star.

Je- der kennt dann mei- ne Lie- der,

denn ich sing' sie im- mer wie- der.

Der Doppelpunkt am Ende des Liedes ist das Wiederholungszeichen.
Spiele das Lied nochmal von Anfang an.

Die Note g

Das Notenköpfchen steht auf der 2. Linie von unten in
der Notenzeile. Daran erkennst du, dass du den Ton g
spielen sollst.

Spielst du die 3. Saite von unten an
erklingt der Ton g.

Achte darauf, dass auf der Darstellung die dünnste Saite ganz oben ist, obwohl
bei deiner Gitarre diese ganz unten ist. Das kommt daher, dass die Oberfläche
des Griffbretts auf dem Bild zu dir zeigt, jedoch an der Gitarre von dir weg zeigt.

02 Viertel Note / Halbe Note

Vier- tel No- te schwar- zer Kopf,

im- mer ei- nen Zäh- ler.

Hal- be No- te wei- ßer Kopf,

je- de hat zwei Zäh- ler.

Die halbe Note

Bei den **viertel Noten** dauert jede Note genau einen Zähler lang. Du spielst also bei jeder Zahl einen neuen Ton an.

Bei den **halben Noten** dauert jede Note genau zwei Zähler. Du musst also nach dem Anschlag noch einen weiteren Zähler abwarten, bevor du den nächsten Ton spielen kannst.

Zähle bei den Liedern immer mit. So lernst du es, alle Töne richtig auszuhalten und einen sauberen Rhythmus zu spielen.

03 Wenn du immer fleißig übst

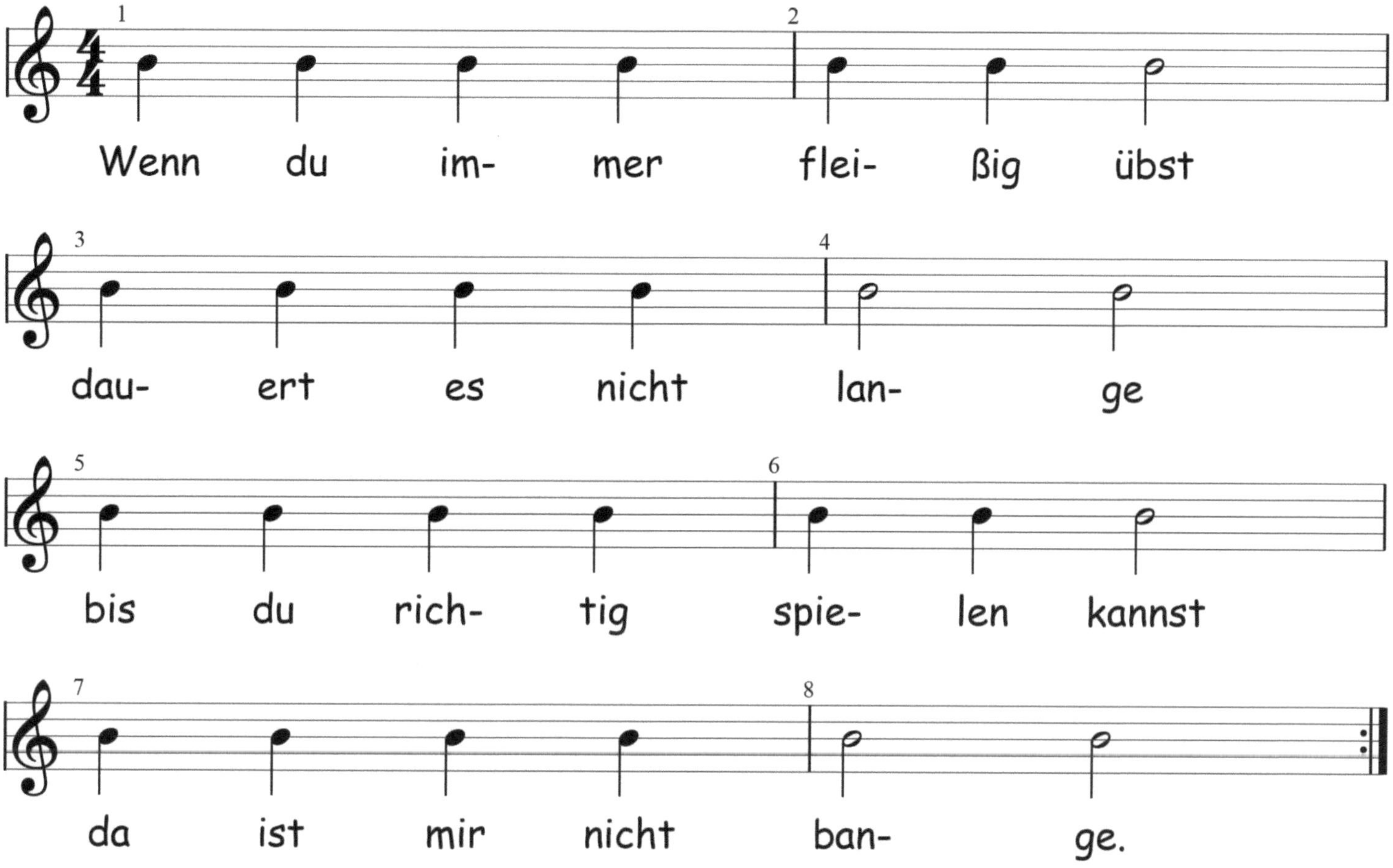
1
2
Wenn du im- mer flei- ßig übst
3
4
dau- ert es nicht lan- ge
5
6
bis du rich- tig spie- len kannst
7
8
da ist mir nicht ban- ge.

Die Note h

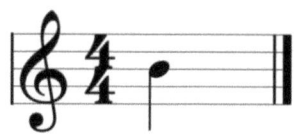

Das Notenköpfchen steht nun auf der dritten Linie von unten. Daran erkennst du, dass du den Ton h spielen sollst. Die Ausrichtung des Notenhalses nach unten ist nicht ausschlaggebend.

h

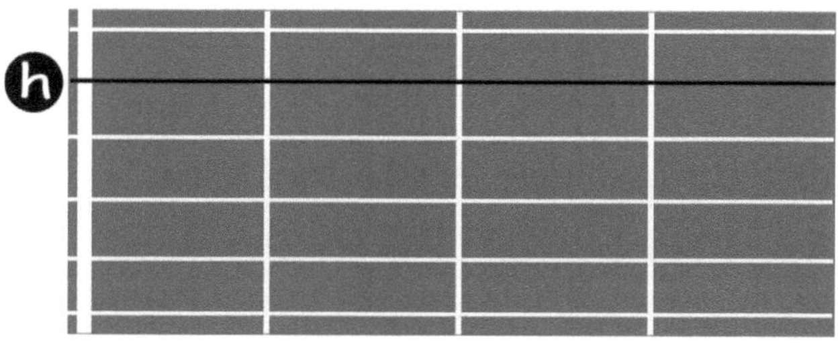

Spielst du die 2. Saite von unten an erklingt der Ton h.

04 Ene Mene Miste

Abzählreim (Trad.)
Music by Dirk Müller

E- ne me- ne mis- te, es

rap- pelt in der Kis- te.

E- ne me- ne meck und

du bist weg.

Nun wird schon zwischen den beiden bisher gelernten Tönen gewechselt. Achte darauf, immer die Noten im Blick zu behalten. Die Finger sollen die Saiten alleine finden.

Die ganze Note

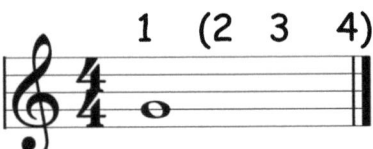

Im letzten Takt findest du nun das erste mal eine ganze Note. Lass sie so lange klingen bis du bis 4 gezählt hast.

05 Schwanenlied

Words & Music by Dirk Müller

Auf dem Teich ein stol- zer Schwan, schnee-weiß sein Ge-

fie- der, da er nicht gut sing- en kann,

sing' ich für ihn Lie- der.

Der große Wissenstest

Wieviele Zähler hat eine halbe Note?

Die Gitarre hat 6 Saiten. Auf welcher Saite spielt man den Ton g?

Die Notenzeile hat 5 Linien. Auf welcher Linie steht die Note h?

Wieviele Zähler bekommt eine viertel Note?

Auf welcher Linie der Notenzeile steht die Note g?

06 Walzer

Words & Music by Dirk Müller

Eins, zwei, drei, eins, zwei, drei, bist du auch mit da- bei,

wenn wir den Wal- zer spiel'n und uns im Krei- se dreh'n.

Der Dreivierteltakt

Nun spielst du zum ersten Mal im sogenannten 3/4 Takt. Dabei wird in jedem Takt nur noch bis 3 gezählt. Am Anfang der Zeile stehen eine 3 und eine 4 übereinander. Dies zeigt dir die Taktart an.

Achte darauf, am Ende der Takte keine Pausen zu machen, sondern gleichmäßig weiter zu zählen.

Kids on guitar - Das Lehrbuch - Band 1 - Dirk Müller

07 Hoppelhas'

Words & Music by Dirk Müller

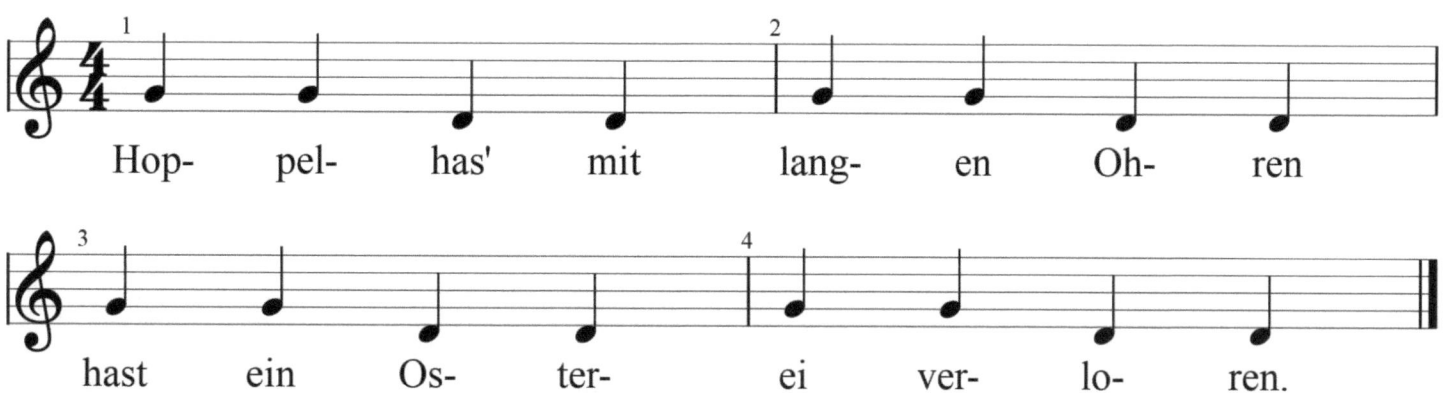

Hop- pel- has' mit lang- en Oh- ren

hast ein Os- ter- ei ver- lo- ren.

Die Note d

Das Notenköpfchen steht nun unter der Notenzeile. Daran erkennst du, dass du den Ton d spielen sollst.

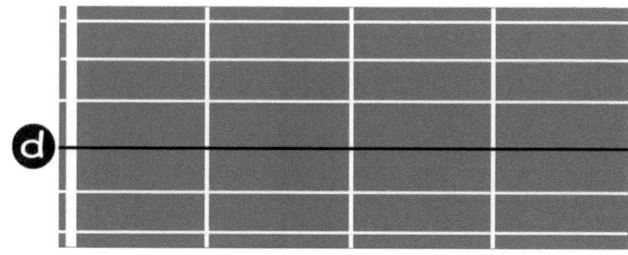

Spielst du die 4. Saite von unten an erklingt der Ton d.

08 Schneck im Haus

Words & Music by Dirk Müller

Schneck im Haus, komm her- aus,

stre- cke dei- ne Füh- ler aus!

Und bei je- dem klei- nen Schreck,

bist du so- fort wie- der weg.

Kids on guitar - Das Lehrbuch - Band 1 - Dirk Müller

09 Auf der Gitarre

Words & Music by Dirk Müller

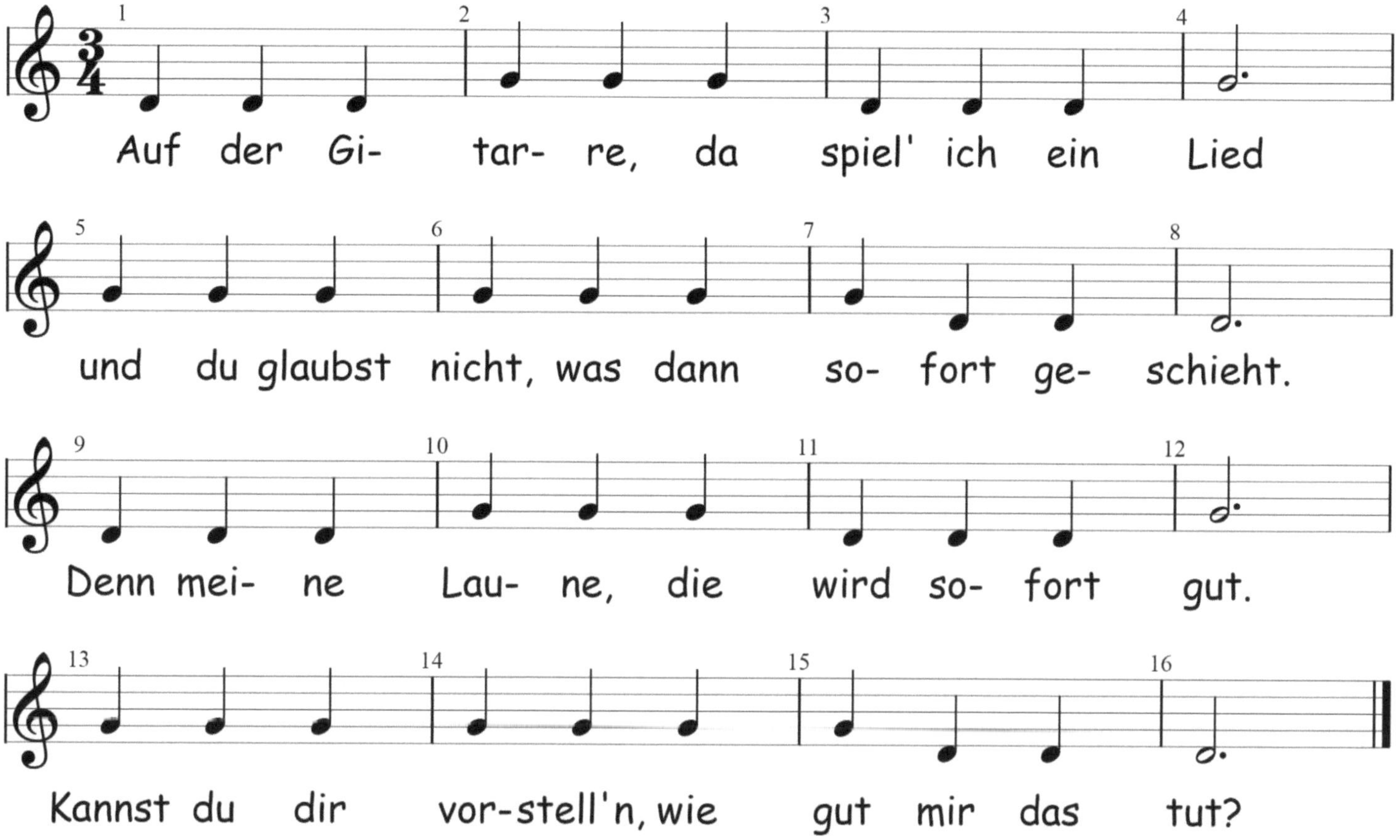
1
2
3
4
Auf der Gi- tar- re, da spiel' ich ein Lied
5
6
7
8
und du glaubst nicht, was dann so- fort ge- schieht.
9
10
11
12
Denn mei- ne Lau- ne, die wird so- fort gut.
13
14
15
16
Kannst du dir vor-stell'n, wie gut mir das tut?

Die punktierte halbe Note

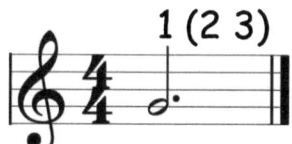

1 (2 3)

Die punktierte halbe Note hat nun 3 Zähler. Der Ton klingt, bis du bis 3 gezählt hast.

Genau genommen sagt der Punkt hinter einer Note aus, dass die Note um die Hälfte ihres Wertes verlängert werden soll.

Eine halbe Note hat 2 Zähler. Die Hälfte davon ist 1 Zähler. Beides addiere ich und komme auf 3 Zähler.

10 Eine kleine Piepmaus

Abzählreim (Trad.)
Music by Dirk Müller

Ei- ne klei- ne Piep- maus lief ums

Rat- haus, woll- te sich was kau- fen,

hat- te sich ver- lau- fen, e- ne, me- ne

Maus und du bist raus.

Noten schreiben

Schreibe die erste Zeile voll mit viertel Noten, die zweite Zeile voll mit halben Noten und die dritte Zeile voll mit ganzen Noten.

Kids on guitar - Das Lehrbuch - Band 1 - Dirk Müller

11 Dickmadam

Words by Trad.
Music by Dirk Müller

Ei- ne klei- ne Dick- ma- dam fuhr mit ei- ner

Ei- sen- bahn; Ei- sen- bahn, die krach- te,

Dick- ma- dam, die lach- te.

Die Haltung der linken Hand

Beim nächsten Lied benötigen wir zum ersten Mal die linke Hand.

Der Daumen sitzt von hinten auf Höhe des zweiten Bundes am Gitarrenhals. Die Handfläche berührt den Gitarrenhals nicht. Die Finger greifen vorn mit der Fingerspitze.

Du kannst die Kraft in den Fingern trainieren, wenn du irgendwo auf dem Griffbrett mit unterschiedlichen Fingern auf eine Saite drückst und versuchst einen sauberen Ton zu erzeugen.
Beispiel: Zeigefinger auf der g-Saite im 5. Bund
          danach Mittelfinger im 6. Bund
          danach Ringfinger im 7. Bund
Ich nenne diese Übung "Die Kralle"

12 Gans und Huhn

Words & Music by Dirk Müller

Ei-   ne   Gans   und   ein   Huhn

ha-   ben   gar   nicht   viel   zu   tun.

Die Note a

Das Notenköpfchen steht im zweiten Zwischenraum von unten in der Notenzeile. Daran erkennst du, dass du den Ton a spielen sollst.

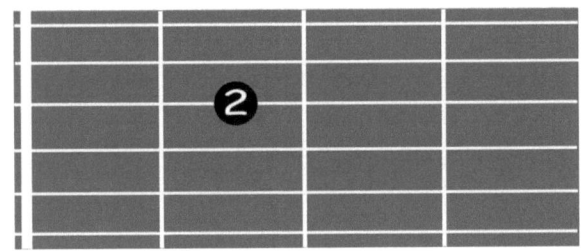

Spielst du die 3. Saite von unten an und greifst dabei mit dem Mittelfinger (2) im zweiten Bund, erklingt der Ton a.

Die Finger der linken Hand

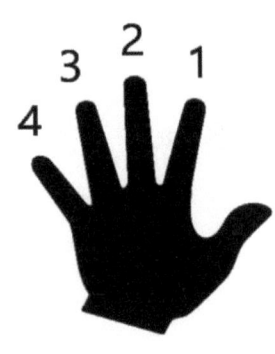

Damit du immer genau weißt, mit welchem Finger du den jeweiligen Ton greifen musst, bekommen die Finger der linken Hand diese Zahlen zugeordnet:

1 - Zeigefinger
2 - Mittelfinger
3 - Ringfinger
4 - Kleiner Finger

Kids on guitar - Das Lehrbuch - Band 1 - Dirk Müller
All Rights Reserved - International Copyright Secured

13 Eins, zwei, drei, vier, fünf, sechs, sieben

Abzählreim (Trad.)
Music by Dirk Müller

Eins, zwei, drei, vier, fünf, sechs, sie- ben, ei- ne al- te

Frau kocht Rü- ben, ei- ne al- te Frau kocht Speck

und du bist weg.

14 Pause machen

Words & Music by Dirk Müller

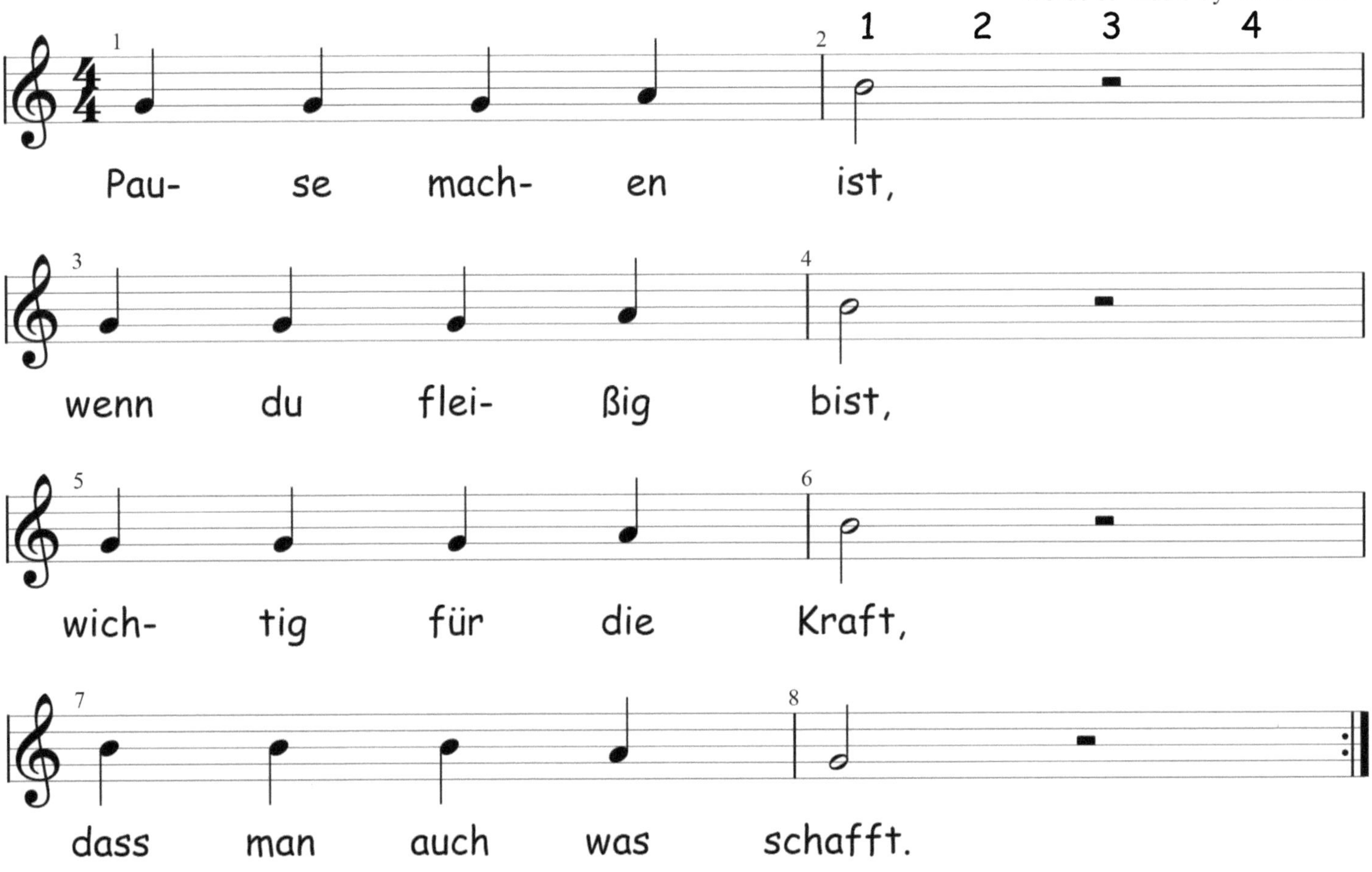

Pau- se mach- en ist,

wenn du flei- ßig bist,

wich- tig für die Kraft,

dass man auch was schafft.

Die Pausenzeichen

viertel   halbe   ganze
Note Pause   Note Pause   Note Pause

Schreibe in die leeren Zeilen die Pausenzeichen bis die Zeilen voll sind

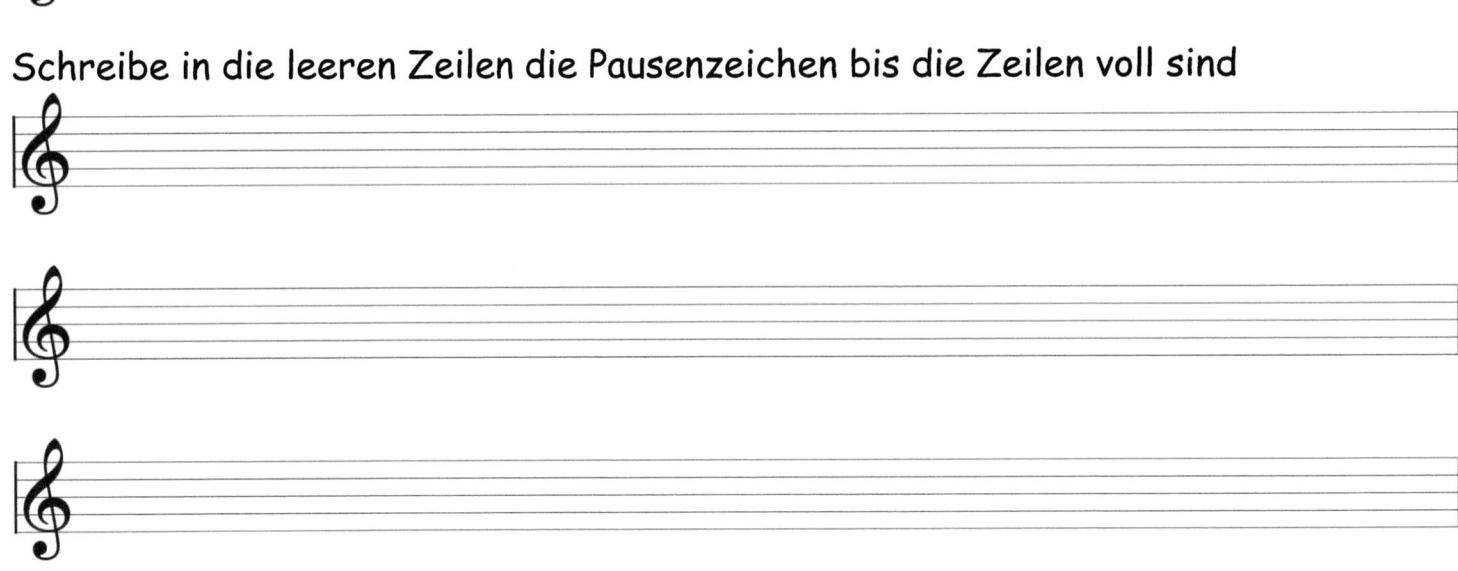

Kids on guitar - Das Lehrbuch - Band 1 - Dirk Müller
All Rights Reserved - International Copyright Secured

15 Fräulein Krause

Words & Music by Dirk Müller

Ja, das Fräu- lein Krau- se, macht jetzt ei- ne

Pau- se, a- ber nur ganz kurz mal,

dann kocht sie ein Fest- mahl.

Die Finger der rechten Hand

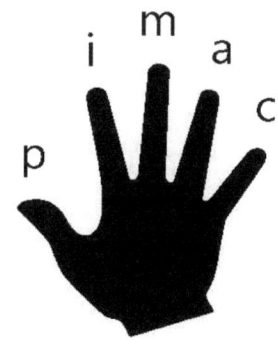

Damit du immer genau weißt, mit welchem Finger du die jeweilige Saite anschlagen musst, bekommen die Finger der rechten Hand diese Buchstaben zugeordnet:

p - Daumen
i - Zeigefinger
m - Mittelfinger
a - Ringfinger
c - Kleiner Finger

Merke dir die Bezeichnung gut. Oftmals stehen die Buchstaben über der Notenzeile.

16 WECHSELSCHLAG

Words & Music by Dirk Müller

Jetzt nun kommt der Wech-sel-schlag, weil ich den so
ger- ne mag. Zei- ge fing- er, Mit- tel- fing- er
wech- seln sich nun ab.

Der Wechselschlag

Ab jetzt beginnst du im sogenannten Wechselschlag zu spielen. Dabei stützt sich der Daumen auf der obersten Saite ab. Zeigefinger und Mittelfinger schlagen nun abwechselnd die entsprechende Saite an. Streiche mit den Fingern von unten nach oben über die Saiten. Nachdem der Finger über die Saite schnellt, wird er von der darüber gelegenen Saite aufgefangen. Aus diesem Grund ist dies auch wieder ein angelegter Anschlag.

In der Grundstellung sind die Finger vor den Saiten und halten sich nicht an einer Saite fest. Der Daumen stützt sich ganz oben ab.

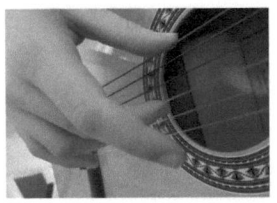

Dann bewegt sich der Finger (hier der Mittelfinger) an die Saite, um anzuschlagen. Hier ist es die g-Saite.

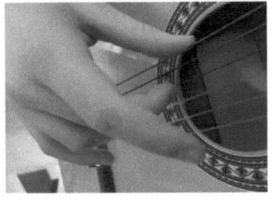

Nach dem Anschlag fängt die darüber liegende Saite den Finger auf. Das Gleiche geschieht dann mit dem Zeigefinger, aber erst wenn der Mittelfinger wieder vor den Saiten "schwebt".

Kids on guitar - Das Lehrbuch - Band 1 - Dirk Müller

17 Wechselschlag ist nicht schwer

Words & Music by Dirk Müller

Wech- sel- schlag ist nicht schwer, ich kann nun

im- mer mehr, auch im Drei- vier- tel- takt

ha- be ich das ge- macht.

Der Notenschlüssel

Versuch doch mal in diesen beiden Zeilen den Notenschlüssel nachzuschreiben.

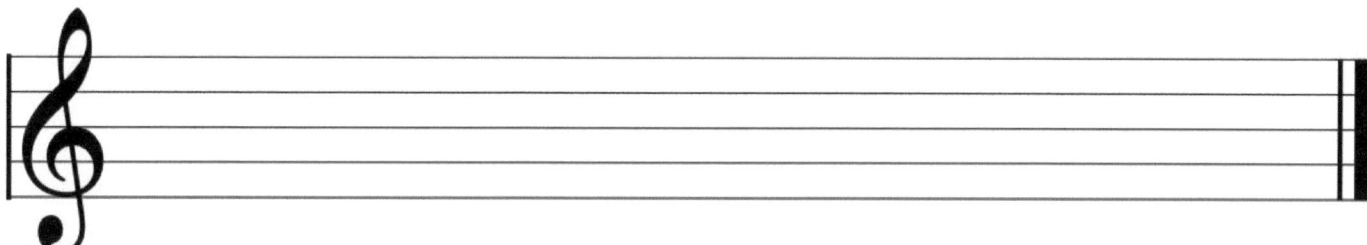

18 Kennt ihr dieses Tier denn nicht?

Trad.
Music by Dirk Müller

Die Buchstaben über den Notenzeilen sind Akkordsymbole und richten sich
erstmal nur an den Gitarrenlehrer. So etwas zu spielen lernst du später.
Die Buchstaben benennen nicht die Töne darunter.

19 Eine Kuh und ein Schwein

Words & Music by Dirk Müller

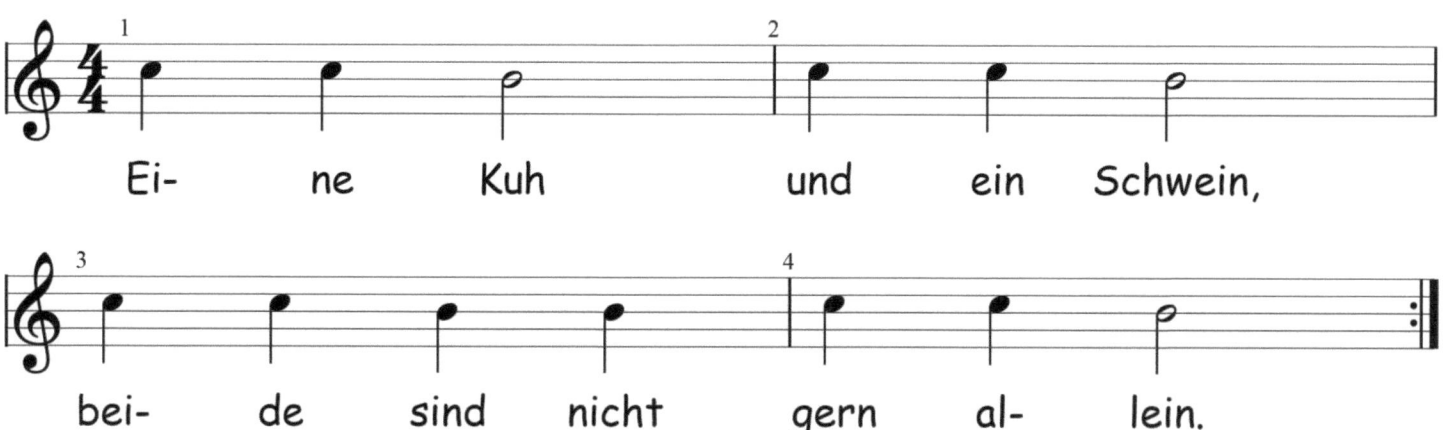

Ei- ne Kuh und ein Schwein,

bei- de sind nicht gern al- lein.

Die Note c'

Das Notenköpfchen steht nun im dritten Zwischenraum von unten. Daran erkennst du, dass du den Ton c' spielen sollst.

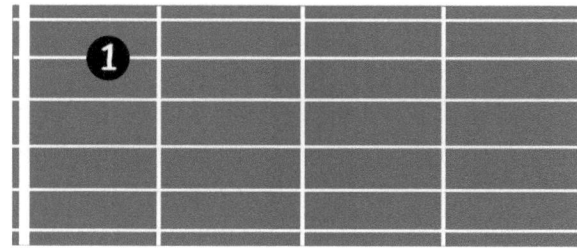

Spielst du die 2. Saite von unten an und greifst dabei mit dem Zeigefinger (1) im ersten Bund, erklingt der Ton c'.

Im Notensystem gibt es mehrere Töne mit der Bezeichnung c. Darum ist hinter diesem c noch ein kleiner Strich an der oberen Ecke. Man spricht hier vom eingestrichenen c.

20 Atte Katte nuwa

Traditionel

At- te kat- te nu- wa, at- te kat- te nu- wa.

E- mi, sa- de- mi, sa- du- la mi- sa de.

Der Auftakt

Ein "Auftakt" ist ein unvollständiger Takt am Anfang eines Liedes. Beginnt ein Stück auf diese Art und Weise, so muss der Schlusstakt und der Auftakt zusammen einen vollständigen Takt ergeben. Das heißt, die Zähler des Auftaktes fehlen im Schlusstakt.

Da normalerweise der Zähler 1 betont wird ergibt sich daraus, dass der Auftakt unbetont gespielt wird.

Hier sind Beispiele dazu:

Es tanzt ein Bi- Ba- But- ze- mann in

Der Kuk kuck und der E- sel, die

un- serm Haus her- um

hat- ten ei- nen Streit

Mein Hut, der hat drei Ek- ken

drei Ek- ken hat mein Hut

21 Rosine

Words & Music by Dirk Müller

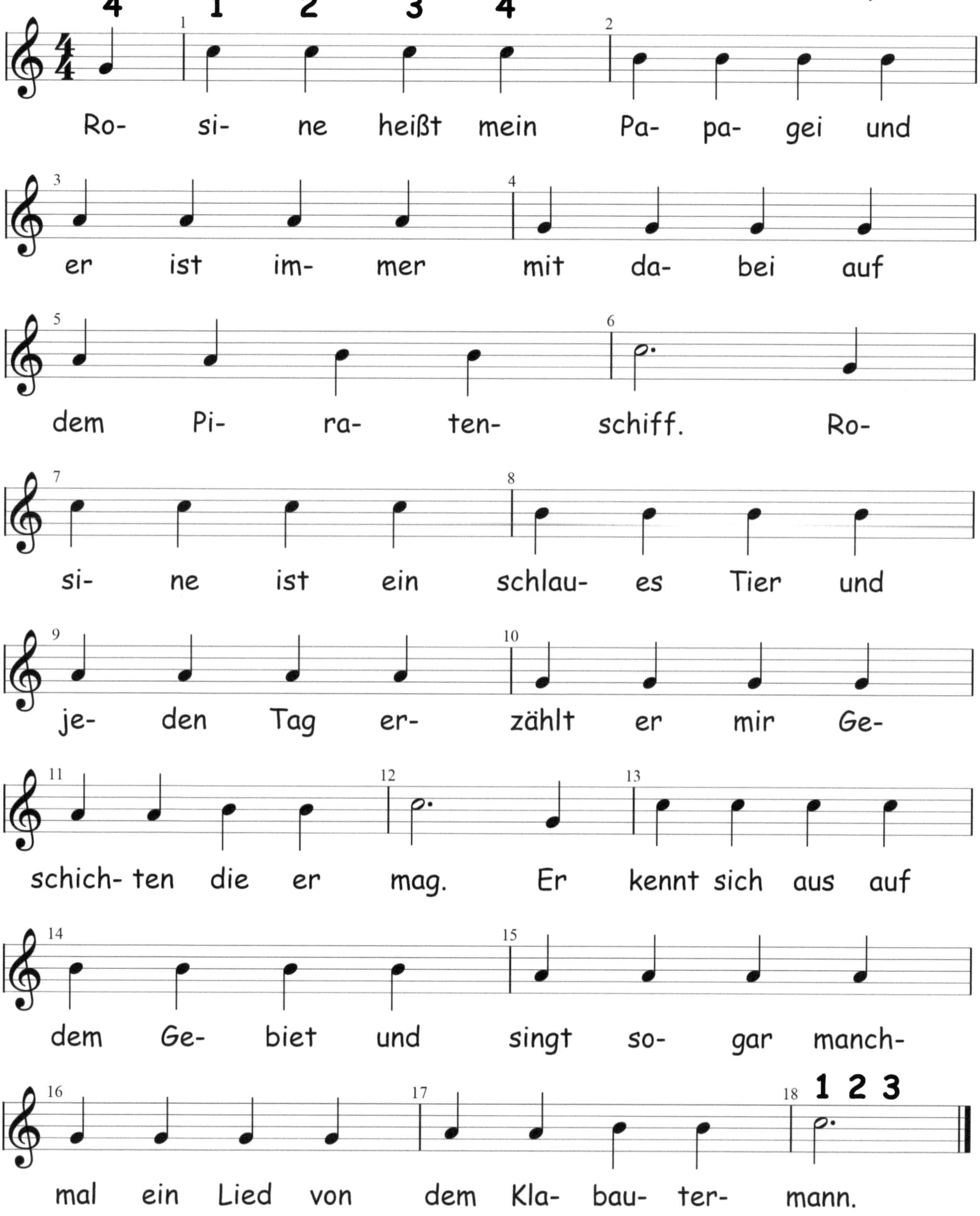
4 1 2 3 4
Ro- si- ne heißt mein Pa- pa- gei und
er ist im- mer mit da- bei auf
dem Pi- ra- ten- schiff. Ro-
si- ne ist ein schlau- es Tier und
je- den Tag er- zählt er mir Ge-
schich- ten die er mag. Er kennt sich aus auf
dem Ge- biet und singt so- gar manch-
1 2 3
mal ein Lied von dem Kla- bau- ter- mann.

22 Piratenlied

Words & Music by Dirk Müller

Die Pi- ra- ten se- geln um die Welt

und sie neh- men al- les was ih- nen ge- fällt.

Rau- ben gro- ße Schif- fe aus, mach- en sich da

gar nichts draus und ver- gra- ben dann den Schatz

an ei- nem ge- hei- men Platz.

23 Ziege und Schaf

Words & Music by Dirk Müller

Ei- ne Zie- ge und ein Schaf,

bei- de sind be- son- ders brav.

Die Note d'

Das Notenköpfchen steht nun auf der vierten Notenlinie.
Daran erkennst du, dass du den Ton d' spielen sollst.

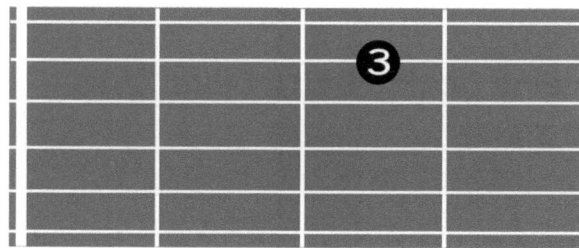

Spielst du die 2. Saite von unten an und
greifst dabei mit dem Ringfinger (3)
im dritten Bund, erklingt der Ton d.

Auch hier ist wieder der kleine Strich hinter dem Buchstaben d verzeichnet.
Wir nennen diesen Ton daher das eingestrichene d.

24 Die Gitarre, die Gitarre

Dirk Müller
Music by Dirk Müller / Trad.

Die Gi- tar- re, die Git- tar- re macht viel Spaß,

macht viel Spaß. Lass die Sai- ten wei- ter klin- gen.

Ding dang dong, ding dang dong.

Lass bei dem nächsten Lied den Zeigefinger (1) im ersten Bund liegen, während du mit dem Ringfinger (3) das d' greifst. Dadurch lernst du die Finger zu spreizen. Willst du nach dem d' wieder zurück zum c', liegt der Finger schon bereit.

Über der Notenzeile steht eine 1 und dahinter ist eine gestrichelte Linie. Diese zeigt dir, wann du denn ersten Finger liegen lassen sollst.

25 Esel und Pferd

Words & Music by Dirk Müller

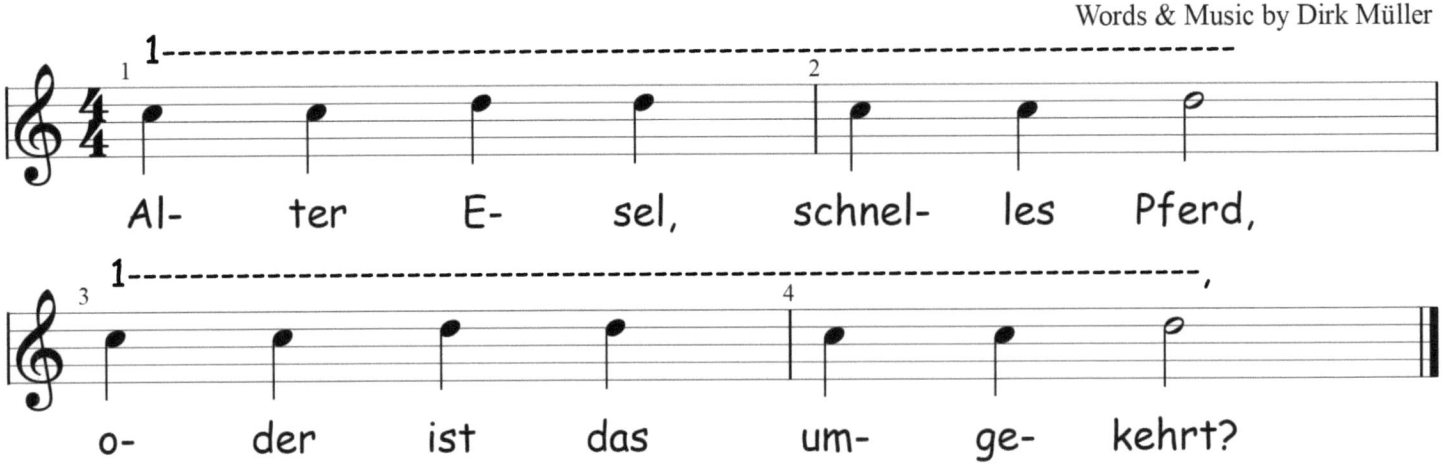

Al- ter E- sel, schnel- les Pferd,

o- der ist das um- ge- kehrt?

26 Im Galopp

Words & Music by Dirk Müller

Im Ga- lopp durch Wald und Wie- se

läuft das Pferd schnell wie der Wind.

Auf dem Rüc- ken sitzt die Lie- se,

rei- tet durch die Welt ge- schwind.

Der große Wissenstest

Wieviele Zähler hat eine punktierte Halbe Note?

Wie kürzt man die Finger der linken Hand ab?

Wie kürzt man die Finger der rechten Hand ab?

Wie heißt dieser Ton?

Wie heißt dieser Ton?

27 Good Night Ladies

Traditional

Good night, la- dies! Good night, la- dies! Good night, la- dies! We're going to leave you now. Mer- ry- ly we roll a- long, roll a- long, roll a- long. Mer-ry- ly we roll a- long o- ver dark blue sea.

Kids on guitar - Das Lehrbuch - Band 1 - Dirk Müller

28 Freude schöner Götterfunken

Words by Friedrich Schiller
Music by Ludwig van Beethoven

Kids on guitar - Das Lehrbuch - Band 1 - Dirk Müller

URKUNDE

Herzlichen Glückwunsch du hast es geschafft

Du hast das erste Lehrbuch mit viel Fleiß durchgearbeitet. Darauf kannst du sehr stolz sein. Nun wartet schon Kids on guitar - das Lehrbuch - Band 2 auf dich. Viel Spaß beim weiteren Üben.

Als Bestätigung, dass du es geschafft hast alle Übungen in diesem Buch zu lernen trage deinen Namen ein und lass deinen Giatarrenlehrer unterschreiben.

Dein Name:_____

Dein Lehrer:_____

_____   _____
Deine Unterschrift   Unterschrift Lehrer